PANÉGYRIQUE

DU

B. PIERRE FOURIER

PRÊCHÉ DANS L'ORATOIRE DE PORT-D'ATELIER,

le 7 juillet 1876,

PAR

L'ABBÉ SALLOT,

CURÉ DE FLEUREY-LEZ FAVERNEY.

SE VEND

AU PROFIT DE L'ORATOIRE DE PORT-D'ATELIER.

BESANÇON,

IMPRIMERIE ET LITHOGRAPHIE DE J. JACQUIN,

Grande-Rue, 14, à la Vieille-Intendance.

1876.

PANÉGYRIQUE

DU

B. PIERRE FOURIER

PRÊCHÉ DANS L'ORATOIRE DE PORT-D'ATELIER,

le 7 juillet 1876,

PAR

M. L'ABBÉ SALLOT,

CURÉ DE FLEUREY-LEZ-FAVERNEY.

SE VEND

AU PROFIT DE L'ORATOIRE DE PORT-D'ATELIER.

BESANÇON,

IMPRIMERIE ET LITHOGRAPHIE DE J. JACQUIN,

Grande-Rue, 14, à la Vieille-Intendance.

1876.

Imprimatur.

DARTOIS, *vic. gen. archiep. Bisuntini.*

EXTRAIT DE LA SEMAINE RELIGIEUSE DE BESANÇON

Du 22 juillet 1876.

Monsieur le Rédacteur,

Dans le petit hameau de Port-d'Atelier se trouve une chapelle modeste, mais vénérée de nos populations. Les malades surtout la connaissent et s'y font transporter pour implorer le B. Pierre Fourier, à qui elle est dédiée.

Une pieuse personne l'a fait construire pour perpétuer le souvenir de sa guérison. Depuis sa jeunesse, une espèce de lèpre couvrait son corps et lui enlevait tout sommeil; des démangeaisons terribles la contraignaient à se gratter continuellement, et son sang se mêlait au fétide de ses ulcères. Les plus habiles médecins de Paris avaient déclaré sa maladie sans remède, et elle s'apprêtait à entrer à l'hospice des incurables, lorsqu'elle entendit parler de Pierre Fourier et des miracles qui s'opéraient sur son tombeau.

Pleine de confiance, elle se fit conduire à Mattaincourt, se confessa, passa la nuit en prières et le lendemain communia. Au moment où elle recevait Notre-Seigneur, ses horribles démangeaisons cessèrent et sa lèpre guérit.

La pieuse fille avait formé le vœu d'élever un oratoire à celui qui l'avait sauvée, et, de retour dans son hameau, elle mit les ouvriers à l'œuvre.

Il y a de cela vingt-cinq ans; dernièrement encore elle construisait, à côté de la chapelle, une maison où les pèlerins sont reçus sans autre rétribution qu'une prière au Bienheureux.

Chaque année, depuis cette guérison, on célèbre, le 7 juillet, la fête de Pierre Fourier; les prêtres des environs se font un devoir d'assister à la cérémonie, et, de chaque village, des pèlerins, le chapelet à la main, s'acheminent vers la chapelle. Petite chapelle : soixante personnes y tenaient à peine, et la foule agenouillée à l'extérieur ne pouvait y pénétrer qu'après la messe solennelle. M. Larue, curé de la paroisse, voulut obvier à cet inconvénient, et, pour rendre le pèlerinage plus imposant et plus considérable, il annonça que la messe se dirait en plein air.

Lorsque cette nouvelle se répandit dans nos pays, ce fut un cri de joie général : « Cette fois nous irons à Port-d'Atelier, nous ne serons pas incommodés comme autrefois! » En effet, malgré les travaux de la campagne, plus de deux mille personnes s'y rendirent. Ici, c'était un paralytique couché dans sa voiture et venu de Saint-Loup ; là, une pauvre estropiée qu'on apportait sur un fauteuil ; puis des malades qui avaient bravé la fatigue pour implorer leur guérison, et les pèlerins que la piété amenait à la fête, presque tous communiant, tous priant avec une ferveur que le bon Dieu exaucera certainement. Au milieu de feuillages, un autel dominant la foule était adossé à la chapelle et environné de près de quarante prêtres.

La messe commence ; silence complet, tout le monde est à genoux, les chants se font entendre, les assistants unissent leurs voix à celles des prêtres ; on est témoin d'un spectacle réellement grandiose.

L'orateur de la circonstance était désiré et deviné par tous, et lorsque M. Sallot, curé de Fleurey-lez-Faverney, quitta sa place et s'avança sur l'estrade, un murmure de satisfaction se fit entendre dans tous les rangs. Dès qu'il eut débuté avec cette facilité et cette assurance de parole qui lui sont propres, on reconnut que l'attente n'avait pas été vaine. *Perfectus homo Dei, ad omne opus bonum instructus ;* la vie du bienheureux était résumée admirablement dans ce texte : il avait été l'homme de Dieu, l'homme parfait, l'homme disposé à toute bonne œuvre. Puis, entrant dans son sujet, le jeune et déjà célèbre orateur montra Fourier exerçant son zèle en Lorraine et sauvant ce pays par la direction qu'il donne aux princes. « La Lorraine l'a vu naître, la Franche-Comté recevra son dernier souffle, » deuxième partie du panégyrique.

Je ne détaillerai pas davantage ce discours qui nous a captivés pendant plus de trois quarts d'heure, car les prêtres présents ont prié M. Sallot de le livrer à l'impression ; sous peu il paraîtra et sera vendu au profit de la chapelle de Port-d'Atelier.

La messe achevée, on donna à baiser et à vénérer les reliques du Bienheureux. Les malades enviaient le sort de ceux qui pouvaient s'approcher de l'estrade et regardaient M. le curé d'un œil où perçaient la prière et la demande. Il le comprit, et parcourut les rangs pour contenter la piété de ces malheureux.

La cérémonie avait été splendide, Dieu nous avait favorisés d'un soleil que tempérait un vent rafraîchissant, et tous nous nous promettions de revenir l'an prochain renouveler des impressions si douces et, je l'espère, durables.

C. CLERC.

PANÉGYRIQUE

DU

BIENHEUREUX PIERRE FOURIER.

Perfectus homo Dei, ad omne opus bonum instructus.
C'était un homme de Dieu parfait, disposé à toute bonne œuvre.
(*II Tim.*, III, 17.)

Je chercherais en vain dans les livres saints une parole qui traduisît mieux la vie de Celui que nous sommes venus honorer en ce jour. Jeune homme, homme mûr, vieillard, il s'est toujours montré l'homme de Dieu, et les grands exemples qu'il nous a laissés ne peuvent être décrits et qualifiés qu'avec le mot de perfection et d'héroïsme : *perfectus homo Dei*. Il n'a pas seulement donné des exemples de prière et de sainteté, il offre aussi, comme preuve de son zèle immense pour la gloire de Dieu, de grandes et nobles actions, des œuvres admirables dont le nombre ne peut être saisi et rapporté qu'en les appelant universelles, et sans autre limite que sa foi et sa charité : *ad omne opus bonum instructus.*

Cette considération me met tout d'abord dans l'impossibilité de vous raconter la vie du Bienheureux comme vous semblez l'attendre en cette solennelle circonstance ; aussi n'entreprendrai-je que de vous esquisser quelques-uns des traits saillants qui ont fait de lui un homme à part et l'ont livré à la vénération catholique.

Curé de Mattaincourt, fondateur de la congrégation de Notre-Dame, réformateur des chanoines de Saint-Augustin, général d'ordre, missionnaire, conseiller des princes, poursuivi et exilé, deux provinces l'ont vu : la Lorraine a été son berceau, la Franche-Comté a reçu son dernier souffle ; toutes deux ont été témoins des rares qualités de son esprit, de sa profonde humilité et de son crédit auprès de Dieu. C'est dans chacune d'elles que je le considérerai et que je m'efforcerai de faire ressortir sa perfection et ses œuvres : *Perfectus homo Dei, ad omne opus bonum instructus.*

Du reste, cette chapelle qui s'élève comme monument (1) modeste, si vous le voulez, mais significatif de sa puissance, parle assez haut et assez éloquemment pour me permettre d'être court. Notre pensée à tous, en effet, se reporte au prodige qui fut cause de cette construction et de notre concours d'aujourd'hui ; l'écho

(1) *Marc.*, vi, 29.

de la cloche qui nous appelait tout à l'heure aux saints mystères semble le redire encore, et nos cœurs s'en vont d'eux-mêmes remercier P. Fourier d'avoir donné à la Franche-Comté un nouveau motif de bénir son nom et de l'invoquer.

Apprenez donc, pieux pèlerins, qu'une contrée voisine a vu naître P. Fourier et a été le théâtre de ses mérites et de ses grandes œuvres ; écoutez ensuite comment la Franche-Comté, qui a joui de ses travaux et qui possède son cœur (1), peut disputer à la Lorraine l'honneur de compter Fourier parmi ses saints.

I. L'Eglise achevait à peine, dans le concile de Trente, les admirables décrets de sa réforme et de sa foi, que Dieu, jaloux de montrer au protestantisme que la religion catholique seule peut produire des saints, faisait naître entre Ignace de Loyola, François de Sales et Vincent de Paul, un enfant destiné à être l'une de ses lumières et l'un de ses héros. Une petite ville des Vosges, Mirecourt, fut la nouvelle Bethléem, hier inconnue, aujourd'hui illustrée par cette auguste naissance (2).—La vie de la grâce se manifesta et se développa dans l'enfant (3) comme simultanément avec la vie de la nature et se refléta sur son jeune front (4). Sa pieuse mère avait su lui inspirer de bonne heure l'amour de

---

(1) Le cœur du Bienheureux est conservé dans l'église de Gray.
(2) *Mich.*, v, 2.
(3) *Luc.*, ii, 40.
(4) *Ps.* xliv, 3.

la franchise et de l'innocence, et il apporta au Dieu qui descendait en lui par la première communion, la beauté et la pureté de son baptême.

Le père, jugeant alors qu'il fallait cultiver son intelligence précoce, l'envoya au collége de Pont-à-Mousson; il y brilla toujours au premier rang et dans les études et dans la piété (1), au point que, son éducation achevée, les nobles familles de Lorraine briguèrent de le donner pour maître à leurs enfants.

Cependant le jeune Fourier se sentait appelé dans un champ plus vaste, *ad omne opus bonum*. Il consulta Dieu par la prière et la mortification (2), et, écoutant la voix qui avait dit à Moïse : Va et conduis ce peuple, *Vade et duc populum istum* (3), il quitta le monde et entra dans la congrégation des chanoines réguliers de Saint-Augustin. *Duc populum istum*, il devait être la pierre angulaire que Dieu préparait pour un nouvel édifice ; le Ciel le destinait à réformer cet ordre.

Pour cela il lui fallait, avec l'onction du sacerdoce, l'onction non moins précieuse de la prudence, de la sagesse (4) et de l'énergie à toute épreuve, et Dieu, qui venait de le sacrer prêtre, l'envoyait à Mattaincourt. *Vade*, va, jeune prêtre, tu as choisi cette paroisse parce qu'elle était la plus pauvre ; va, tu travailleras sans relâche, tu auras d'abord pour récompense l'ingratitude

---

(1) *Levit.*, VIII, 8. (3) *Ex.*, XXII, 34.
(2) *Judith*, IV, 8. (4) *Pr.*, IV, 1. 5.

et la calomnie des hommes ; mais tu es le disciple de Celui qui est mort pour faire le bien et qui n'a laissé à ses prêtres que sa croix pour s'y sacrifier à leur tour, s'il le faut (1).

L'hérésie s'était implantée à Mattaincourt ; les habitants, qui portaient à Genève les produits de leurs fabriques, avaient été gâtés par leur contact avec les calvinistes, et ceux-ci, non contents de pervertir les commerçants voyageurs, étaient venus dans leur village y prêcher la révolte contre la religion catholique. L'église était déserte (2), les cabarets et les cafés, par contre, ne désemplissaient point, les vices et les scandales étaient aussi nombreux que les pierres des maisons (3), et Mattaincourt demandait un saint et des pluies de grâces pour ne pas périr. Le saint fut P. Fourier ; les pluies de grâces, Dieu les accorda à ses prières.

Un rapide coup d'œil lui indique la triste vérité, mais il sait qu'avec Dieu il peut tout (4), et il se met résolûment à l'œuvre.

Il montre d'abord l'exemple, à l'imitation du Sauveur (5) ; désintéressement, dévouement, douceur, persévérance, il ne s'arrête jamais. On l'insulte, les calvinistes fomentent les bruits et les calomnies que les beaux esprits de tout temps lancent contre les prêtres ; il y oppose la patience la plus inaltérable : « Ne craignez

---

(1) *Gal.*, II, 19 ; *II Cor.*, XII, 15. (4) *Phil.*, IV, 13.
(2) *II Esd.*, II, 17. (5) *Act.*, I, 1.
(3) *Ps.* CXXXIX, 6.

pas que je vous lance, disait-il naïvement, vous péchez plutôt par ignorance que par malice (1). » Il était l'agneau au milieu des loups (2), et n'avait pour armes que la prière et le pardon (3) ; aussi, les mauvais sujets de Mattaincourt, braves comme les libertins d'aujourd'hui, augmentaient leurs blasphèmes et leurs obscénités..... Cela devait être ; le prêtre n'est-il pas le défenseur de la morale ? N'a-t-il pas pour mission de rappeler aux ivrognes qu'il y a un Dieu qui punit la débauche, aux voleurs que le vol est un crime, aux passions honteuses qu'elles ne sauraient échapper à la damnation et à l'enfer ; comment serait-il l'ami du libertin ! O vous qui insultez le prêtre, votre confession est dans vos paroles et dans vos cris ; vous dévoilez ainsi publiquement l'obscénité et la laideur de votre conscience !

Le curé de Mattaincourt était bon prêtre avant tout, et son dévouement pour les pauvres égarés croissait en raison même des insultes qui lui étaient prodiguées. Sachant que l'ignorance, plus encore que les exemples pervers, est la source des maux et des désordres (4), il s'appliqua à répandre l'instruction du haut de la chaire chrétienne. A l'étude du matin au soir, il ne quittait son presbytère ou son église que pour consoler les malades ou pour chercher chez un confrère voisin le conseil et l'émulation dans la pratique du devoir. Sa charité, pas

(1) *Vie du B. P. Fourier*, par l'abbé CHAPIA, p. 79.
(2) *Luc.*, x, 3.
(3) *II Cor.*, x, 4.
(4) *II Pet.*, ii, 12.

plus que son travail, ne connaissait de limites ; il donnait ce que ses faibles ressources pouvaient lui fournir (1), et n'avait d'amis plus tendres que les indigents ; témoin la recommandation au maire de son village : « Si je meurs, donnez tout ce que j'ai aux pauvres, comme chose qui est à eux et sur quoi personne ne peut rien prétendre qu'eux ; je vous dis, si vous ne le faites, Dieu vous en châtiera comme d'un larcin, voire d'un sacrilége (2). » Qui eût résisté à une tendresse si ingénieuse et si féconde ? — Aujourd'hui on a enlevé au clergé ses biens, les hommes de notre siècle ont craint l'influence du prêtre s'il eût fait trop d'aumônes, ils l'ont rendu pauvre ; et cependant, qu'il me soit permis de le dire, même en présence de ces prêtres qui m'écoutent, qui répand plus que lui les aumônes ? A quelle porte les malheureux vont-ils plutôt frapper ? Instinctivement n'est-ce pas à celle du presbytère, parce qu'ils savent que là, du moins, il leur sera fait bon accueil ? Qui oserait disputer au prêtre le glorieux privilége de la charité ?... Passons. Pour ne pas prolonger les détails sur les vertus du Bienheureux, je vous convie à admirer le dévouement, la charité et le zèle du sacerdoce catholique ; en racontant la vie de Fourier, curé de Mattaincourt, sauf le degré d'héroïsme propre aux saints, c'est le dévouement, c'est la charité, c'est le zèle du sacerdoce catholique que je serais fier de dérouler à vos yeux.

(1) *II Cor.*, ix, 9.   (2) *Vie du Bienheureux*, p. 93.

Le fruit de tant de travaux ne se fit pas longtemps attendre ; la petite Genève, corrompue par les doctrines de mensonge, s'était changée en une petite Sion, sanctuaire des plus belles vertus ; l'impiété et le libertinage étaient vaincus et la dévotion triomphait. « Ce lieu, écrivait l'évêque de Toul, était devenu un véritable monastère par la piété et l'ordre qu'on y remarquait (1). » Mattaincourt commençait à être un lieu de pèlerinage, et, aux jours de fête, les chemins d'alentour étaient couverts de personnes qui venaient s'instruire aux sermons et aux catéchismes du bon curé ; les prêtres, les chevaliers et les nobles se mettaient sous sa direction, et les paroissiens regardaient en toutes choses ses avis comme des oracles et ne formaient qu'une seule famille dont il était le père et dont ils étaient les enfants. « C'est sous ce dernier titre qu'on le désignait uniquement, même durant sa vie, et maintenant encore en Lorraine on entend rarement son nom : pour le paysan qui s'en souvient par tradition, pour le fidèle qui l'invoque et le pèlerin qui va vers son tombeau, c'est toujours le bon Père de Mattaincourt (2). »

Ce premier résultat acquis, la grande âme de Fourier brûlait de convertir et de ramener encore, *ad omne opus bonum ;* l'ambition de la gloire de Dieu le poussait (3) et élargissait devant lui les limites de sa paroisse.

---

(1) *Vie du Bienheureux*, p. 101.
(2) *Id.*, p. 107.
(3) *II Cor.*, v, 14.

A ce moment l'instruction était à peu près nulle; le noble, pas plus que le cultivateur, ne savait lire et écrire; l'imprimerie n'avait pas encore multiplié les caractères et les livres, et l'ignorance était presque en honneur. L'Église seule luttait contre cet état de choses et cherchait, en enseignant l'Evangile, à cultiver l'esprit en même temps que le cœur de ses fidèles. Mais, malgré les efforts des moines et du clergé, aucun résultat sérieux n'était obtenu. Dieu attendait; il se préparait des hommes pour lutter contre ces lamentables abus (1). Ignace de Loyola et Vincent de Paul vont déployer pour l'enseignement secondaire un dévouement inconnu jusqu'alors, et le curé de Mattaincourt va vouer à l'enseignement primaire les ordres religieux; la congrégation de Notre-Dame rassemblera dans les écoles les petites filles délaissées et abandonnées aux vices qu'engendrent infailliblement la paresse et la fainéantise, et les chanoines de Saint-Augustin, réformés, cultiveront chez les jeunes garçons la lumière que Dieu a placée dans leur intelligence, en attendant que le B. de la Salle envoie dans l'univers entier ses frères des Ecoles chrétiennes.

Deux jeunes personnes, plus touchées que les autres des instructions de leur pieux curé sur les dangers et les vanités du monde, s'offrirent à réaliser ses desseins: « Nous ne savons plus où nous rendre, lui disaient-elles, sinon de nous jeter entre les mains de Dieu et les

---

(1) *Is.*, LII. 10.

vôtres (1). » Et les exemples du bien étant contagieux, bientôt de nouvelles compagnes se joignirent à elles et s'enrôlèrent sous le drapeau de Notre-Dame.

Dieu se plut à encourager ses servantes ; une première école s'ouvrit, et les murs des classes devinrent aussitôt trop étroits. Les railleries ne manquèrent pas contre l'ordre naissant ; mais les insultes des méchants étant une semence de nouveau zèle, le nombre des religieuses devint en peu de temps assez grand pour peupler un monastère. Elles vivaient dans la pauvreté dont Fourier avait montré l'exemple, avec une pureté d'ange et une obéissance parfaite : une planche était leur lit, quelques légumes leur nourriture, mais l'étude et le travail remplissaient leurs journées, tandis que la moitié de la nuit se passait en prières (2). Les évêques voisins, instruits des prodiges de dévouement et d'abnégation des saintes filles, approuvent leur ordre au berceau ; quelques années plus tard, le souverain pontife les instituera canoniquement, et la Lorraine et la Franche-Comté de Bourgogne verront fleurir sur tous les points de leur territoire des écoles où leurs pauvres enfants trouveront de nouvelles mères.

Vous croyez peut-être qu'au milieu d'occupations inséparables de la fondation d'un grand ordre religieux, Fourier négligera ses œuvres premières. Ah ! sa chère paroisse, comme il l'aimait, comme il la cultivait avec

---

(1) *Vie du Bienheureux*, p. 118. (2) *Luc.*, VI. 12.

soin ; comme il savait se multiplier et se trouver partout où il y avait un malade à consoler, un pauvre à secourir (1) ! Mieux que cela, l'évêque de Toul, persuadé qu'un homme semblable peut réaliser partout l'œuvre de Dieu, *ad omne opus bonum,* lui adjoint un vicaire et l'envoie dans son diocèse prêcher des missions et gagner des âmes à Jésus-Christ.

Il part, le bâton à la main, vêtu d'une robe grossière, son bréviaire sous le bras, et parcourt à pied les monts et les vallées ; il ne veut pour lit que la terre, et, confiant en Celui qui donne la pâture aux oiseaux du ciel (2), il n'a d'autre nourriture que celle que la charité publique lui accorde. O saint prêtre, comment les cœurs les plus durs ne se fendraient-ils pas à de telles prédications et à de tels exemples ! Comment les rosées abondantes des grâces divines ne tomberaient-elles pas sur les terres que vous êtes venu défricher (3) ! Ah ! combien nous comprenons la parole de votre saint évêque : « Je ne voudrais que cinq prêtres de ce genre pour changer la face de mon diocèse ; un à chaque coin, l'autre au milieu (4). » Il vous faut des aides, fondez au centre de ces montagnes un foyer permanent d'apostolat.

Ces apôtres allaient surgir. L'ordre dont il faisait partie demandait une réforme, et le premier désir peut-

---

(1) *Sap.,* VII, 22.
(2) *Matth.,* VI, 26.
(3) *Zach.,* VIII, 12.
(4) *Vie du Bienheureux,* p. 104.

être qu'il a réchauffé dans son cœur de jeune prêtre et de religieux était celui de rendre à ses confrères leur ancienne vigueur et leur ancien éclat. Tout était prêt, hormis les ouvriers (1). L'évêque a tracé des règlements, a éveillé quelques esprits assoupis, a indiqué des œuvres à entreprendre; mais les religieux, qu'un manque d'énergie et de fermeté avait écartés des premières constitutions, refusaient de recommencer un noviciat qui leur paraissait trop onéreux. « Au nom de Dieu, écrivait le prélat au B. Pierre, au nom de Dieu, venez au plus tôt (2). » Il vient et décide quelques chanoines à accepter la réforme; un noviciat s'établit à Lunéville, et trois mois après le réformateur peut écrire : « Il y a matière à louer Dieu et à concevoir de très grandes espérances de ce petit régiment, y voyant une si belle union et tant de vertus (3).

Son plan d'éducation est maintenant achevé; la congrégation de Notre-Dame instruit les petites filles, celle des chanoines de Saint-Augustin va se vouer à l'éducation des garçons, tout en embrassant l'œuvre des missions; Verdun, Nancy, Toul, Pont-à-Mousson ont chacun leur monastère et leur école, et les ouvriers que l'évêque de Toul demandait sont à l'œuvre, animés, excités par le souffle et par la parole de Pierre Fourier.

Vous n'exigerez pas de moi que je détaille davantage

---

(1) *Matth.*, ix. 37. (3) *Id.*, p. 188.
(2) *Vie du Bienheureux*, p. 185.

ce zèle qui m'éblouit et m'humilie trop. Jésus-Christ n'avait donné d'autre limite à la perfection que celle de son Père : *Estote perfecti sicut et Pater vester cœlestis perfectus est* (1), le Bienheureux en était convaincu et avançait toujours ; une œuvre achevée, il aurait cru succomber au démon de la lâcheté s'il s'était arrêté ; toujours, toujours travailler pour la gloire de Dieu, c'était sa devise, et lorsqu'on lui adressait quelque éloge, son humilité en était froissée au delà de toute expression : « Ne voudrait-on pas me donner à croire que j'ai achevé mon devoir ? » disait-il ; et aussitôt, mortifiant son corps pour l'aiguillonner et le pousser en avant, il prenait sa croix à deux mains et aspirait à de nouveaux combats, à de nouvelles vertus. Dites après cela, chrétiens, que vous en avez fait assez et que vous êtes contents de vous : vous remplissez l'obligation pascale, vous assistez à la messe le dimanche, et vous vous reposez sur vos prodiges de concession à Dieu ! Dormir n'est pas chrétien. Mettez la main sur votre cœur, et tant que vous sentirez battre une passion ou un désir qui ne soit pas pour Dieu, déracinez, arrachez, répétant, avec le Bienheureux, que vous n'avez fait que commencer.

Il me reste à vous le montrer dans notre pays et à vous raconter son séjour en Franche-Comté.

---

(1) *Matth.*, v. 48.

II. Le protestantisme n'avait pas seulement été une révolution religieuse. En secouant le joug de l'autorité spirituelle, Luther avait brisé aussi l'admirable unité qui groupait tous les princes de l'Europe autour du Saint-Siége et les rendait les dociles exécuteurs de ses lois. Plusieurs grandes nations avaient levé l'étendard de la révolte et déclaré des guerres qui divisaient l'Europe en deux camps, le camp catholique et le camp protestant. La France était restée neutre et n'avait pas encore pris rang dans ces partis, que personnifiaient l'Autriche d'une part et la Suède de l'autre ; mais, à l'époque où nous sommes dans la vie de Fourier, elle allait se jeter dans l'arène et rétablir l'équilibre.

La Lorraine formait alors un petit Etat indépendant, régi par un grand-duc du nom de Charles IV. Resserrée entre la France et l'Autriche, elle allait devenir nécessairement la proie de l'une ou de l'autre, selon le parti qu'elle embrasserait. Richelieu, en effet, qui dirigeait les destinées de la France, déclara la guerre à l'Autriche et demanda au duc de Lorraine son alliance ; d'autre part, l'Autriche lui fit de magnifiques promesses pour l'attirer à elle. La circonstance était délicate et le moment décisif; aussi Charles IV, incertain, vint-il demander à Fourier de quel côté il devait diriger ses soldats et ses drapeaux. Celui-ci lui conseilla l'abstention et la paix : un duel avec la France ou avec le Saint-Empire était trop inégal pour la petite Lorraine, et, malgré le désir de combattre du côté catholique, il y avait à redouter en Richelieu un ennemi « auquel il ne manquait aucun génie que celui du pardon (1). » Hélas! Charles avait l'âme trop belliqueuse, et son humeur bouillante l'entraîna vers l'Autriche.

Quelques jours après il était vaincu ; Richelieu, arrivé comme la foudre, lui avait fait signer des traités qui étaient pour lui des abîmes. C'en était fait de la Lorraine, elle allait perdre sa nationalité, lorsque Fourier déjoua la politique du grand ministre en poussant Charles à abdiquer et en unissant l'héritière présomptive, qu'on voulait exiler, au dernier rejeton de la vieille famille ducale.

Le Bienheureux avait prévu tout ce que son patriotisme lui attirerait de disgrâces et de malheurs ; Richelieu, si amèrement déçu, allait en effet tourner contre lui sa colère et son ressentiment..... N'importe, il avait en lui une magnanimité (2) qui savait sacrifier au devoir la paix même de ses vieux jours et toutes les œuvres de sa vie, et, pour me servir du mot d'un de ses panégyristes, ce simple curé de village avait l'âme d'un consul romain (3).

En effet, les soldats sont envoyés à sa poursuite, et, pour les éviter, le Bienheureux est obligé de fuir et de se cacher ; il erre d'abord dans les maisons de ses chanoines réguliers, dont il était devenu le supérieur

---

(1) LACORDAIRE, *Panégyrique de P. Fourier*.
(2) *Ps.* LXIII, 7.
(3) LACORDAIRE, *Panégyrique de P. Fourier*.

général, et parvient, déguisé et sur une pauvre voiture, jusqu'à sa chère paroisse de Mattaincourt. Il y passe quelque temps à soulager ses enfants qui souffrent à la fois de la guerre, de la peste et de la famine ; mais, traqué comme une bête fauve, il revient à Mirecourt, où l'attend une partie de ses religieuses décidées à fuir avec lui et à chercher un asile dans la Franche-Comté de Bourgogne.

Le voici maintenant sur notre terre ; voici notre province témoin des vertus du grand saint. Ici vous trouverez, ô bienheureux Pierre, quelque repos à vos fatigues et quelque sécurité pour vos derniers jours (1). Avancez, le protestantisme, qui pénètre en Lorraine au moment de votre exil, est chassé de notre territoire où il s'était déjà implanté ; Dieu vient de pulvériser l'erreur et de manifester la divinité du catholicisme en ordonnant aux flammes de respecter l'hostie sainte de Faverney !

Il entra, poursuivi jusqu'à Vesoul par les Suédois, et arriva heureusement à Dampierre-sur-Salon ; il fut obligé d'y rester un certain temps ainsi qu'à Pesmes, car les autorités de la ville de Gray, où il venait se fixer, craignaient que les fugitifs n'apportassent la peste, qui sévissait en Lorraine. Déjà une mission qu'il avait donnée dans ces deux pays avait produit les plus beaux et les plus doux fruits d'édification, et lorsqu'il quittait

---

(1) *Apoc.*, xiv, 13.

ces premiers lieux hospitaliers, les habitants se portaient sur son passage et se mettaient à genoux en criant : « Notre saint père, donnez-nous votre bénédiction avant de nous quitter. » Une pieuse tradition nous rapporte que lorsque le Sauveur, après sa résurrection, apparaissait à ses disciples, un parfum d'agréable odeur suivait son passage et indiquait l'endroit qu'il avait sanctifié par sa présence ; la bonne odeur des vertus de Jésus-Christ (1), pour prendre le langage de saint Paul, suivait ainsi Fourier et présageait la récompense dont il jouit et le culte que nous lui rendons en ce moment.

Un mois après, la ville de Gray ouvrait ses portes, les magistrats envoyaient un char pour recevoir le fugitif, une maison s'élevait aux religieuses de Notre-Dame et les chanoines de Saint-Augustin fondaient un collége. C'était une nouvelle paroisse de Mattaincourt, hier rebelle à Dieu, aujourd'hui se pressant autour du saint Sacrement que Fourier portait processionnellement dans les rues. C'était aussi une nouvelle Lorraine qu'il allait sauver.

En 1636, la guerre et la famine s'étaient abattues sur nos pays. Dole venait d'être assiégée, les armées franco-suédoises s'étaient jetées sur la vallée de la Saône et avaient tout culbuté sous leur bouillant passage, laissant après elles la maladie et la misère. Gray

(1) *II Cor.*, ii, 15.

est menacé des horreurs d'un siége, des batteries sont dirigées sur ses édifices, et les généraux Weymar et Longueville examinent déjà sur quel point il faut concentrer les armes et les soldats. La ville est dans la consternation ; déjà décimée par la faim et la peste, elle renonce à tenter une défense que ses forces ne peuvent soutenir..... Levez-vous, Pierre Fourier ; arrachez nos provinces à la ruine et à l'hérésie.

Il se lève en effet, il prie Dieu la face contre terre, et, tirant de son cœur vieilli et déjà sur son déclin des accents qu'Alexandre vers l'Indus aurait peut-être ambitionnés, il rend les citoyens terribles au point que les ennemis, effrayés, abandonnent leurs positions et vont porter ailleurs l'humiliation de leur soudaine panique.

« Il semblerait, dit son historien, que des hommes semblables ne devraient jamais mourir, non-seulement pour l'intérêt du monde, puisqu'ils servent de bouclier entre Dieu et les hommes, mais même par raison, car la mort est une engeance du péché (1). » Pourtant Dieu était content de son serviteur et lui fit connaître qu'il allait lui ravir une vie si pleine de vertus et de mérites. Vers le milieu d'octobre 1640, le bon Père ressentit les premières atteintes du mal, et, peu de temps après, comme un parfum qui s'exhale, son âme s'envola dans le sein de Dieu.

(1) *Vie du Bienheureux.* p. 316.

J'ai fini. Mais devant ce corps inanimé, quoique palpitant déjà de la vie glorieuse, je ne puis laisser vos intelligences et vos cœurs en suspens. Gray, Mattaincourt, Epinal, Nancy, Pont-à-Mousson, se disputent ces précieuses reliques ; les princes et les tribunaux sont obligés d'intervenir pour arrêter des débats que la piété et la reconnaissance laissent aisément concevoir. Son cœur sera pour la Franche-Comté, son corps retournera vers la Lorraine..... Sera-ce le moyen de rendre un jour à cette province, qu'il avait autrefois sauvée, l'intégrité de son territoire aujourd'hui déchiré par les hordes protestantes ?..... Je l'ignore ; mais ce sera à Mattaincourt qu'il restera, contre toute destination arrêtée par les princes et les religieux, au milieu de ses anciens paroissiens qui pourront le vénérer et l'invoquer, le plus près possible de la Franche-Comté qui s'y transportera aisément en pèlerinage.

Apportez-lui, pèlerins de l'oratoire de Port-d'Atelier, l'offrande de vos prières et de vos cœurs (1) ! Au moment où je vous parle, Mattaincourt et Gray portent ses reliques en triomphe, les montagnes des Vosges et de la Champagne sont réunies dans l'église aujourd'hui splendide où il commença ses travaux apostoliques, les plaines de la Franche-Comté et de la Bourgogne affluent vers le monastère qu'il a fondé et qui l'a abrité pendant son exil. Notre pèlerinage est

(1. Ps. CXL. 2.

moins considérable, il est vrai, mais nos cœurs font monter vers le B. Pierre des accents qui ne le cèdent à aucune de ces deux grandes manifestations. Cette année, le zèle du digne curé de la paroisse n'a voulu donner aucune limite à notre assemblée ; c'est en plein air que se célèbrent les mystères sacrés, afin que tous vous puissiez voir de vos yeux l'agneau immolé (1) et trouver ainsi un nouvel aliment à la piété qui vous a réunis dans ce hameau ; nous, prêtres, nous sommes nombreux, nous avons tenu à puiser devant ce sanctuaire quelque chose du zèle et du dévouement qui brûlaient Fourier pour les âmes dont il était le pasteur (2) ; vous-mêmes, il me semble que vos rangs sont plus pressés que jamais, et qu'au moment où l'on voudrait déchristianiser la France, vous avez eu à cœur d'affirmer par votre concours que la foi est toujours palpitante en elle. Emportez de ce pèlerinage les douces émotions que la religion chrétienne seule peut produire, et chaque année venez, en plus grand nombre encore, vous agenouiller ici et réchauffer votre piété, pour participer à la gloire dont brille l'illustre saint qui fait l'objet de nos louanges et de nos chants.

(1) *Ap.*, VII,   (2) *Ezech.*, XXIII. 25.

BESANÇON, IMPRIMERIE DE J. JACQUIN.

www.ingramcontent.com/pod-product-compliance
Lightning Source LLC
Chambersburg PA
CBHW060723050426

42451CB00010B/1603